Diseño y Moda

Doblar servilletas
de forma fácil y sorprendente

Sieglinde Holl

DRAC

AGRADECIMIENTOS
Mi agradecimiento a las firmas Pichler de Laichingen, IHR de Essen (Oldenburg) y Duni de Bramsche, que han sido tan amables de proporcionar las servilletas para este libro.

Editora: Eva Domingo

Publicado por primera vez en Alemania por Frech-Verlag GmbH, bajo el título: *Servietten falten einfach & wirkungsvoll* de Sieglinde Holl.

Marqués de Urquijo, 34. 28008 Madrid.
Tel: 91 559 98 32. Fax: 91 541 02 35.
E-mail: info@editorialeldrac.com
www.editorialeldrac.com

Fotografías: frechverlag GmbH, 70499 Stuttgart; Ullrich & Co., Renningen (modelos y fotografías del paso a paso); lichtpunkt, Michael Ruder, Stuttgart (las demás fotografías)
Diseño de cubierta: José María Alcoceba
Traducción: Cristina Rodríguez
Revisión técnica: Fernando Gilgado

ISBN: 978-84-9874-184-1
Depósito legal: M-3.670-2011
Impreso en España por Punto Verde
Impreso en España – *Printed in Spain*

ÍNDICE

El plegado de servilletas es un arte muy antiguo. Aún hoy nos sigue fascinando poner y decorar una mesa con servilletas plegadas con bonitas formas. Ya sean servilletas estampadas o de un solo color, de papel o de tela, de tejido fino o tosco: ¡las servilletas son ese toque final que convierte una mesa de fiesta en un paraíso visual!

Una fiesta para un gran número de comensales, para un pequeño grupo familiar, una reunión para tomar el café... hay innumerables acontecimientos que pueden disfrutarse en un marco especial. En este libro presento una serie de sugerencias para transformar la mesa en algo asombroso. Para ello, muestro diferentes posibilidades y técnicas de plegado de servilletas, desde formas sencillas a otras más elaboradas, desde acabados simples hasta otros más elegantes.

¡Elija el plegado más adecuado y disfrute de una agradable fiesta con sus invitados!

S. Holl

Materiales y herramientas

SERVILLETAS DE TELA:
son las más bonitas y agradables al tacto, con tamaños de 40 x 40 cm y 50 x 50 cm. Para realizar algunos plegados es necesario almidonarlas antes, pero para otros es preferible que queden sueltas y suaves.

SERVILLETAS DE VELLÓN:
son muy estables, y con un tamaño de 40,5 x 40,5 cm resultan muy apropiadas para realizar múltiples plegados. Se pueden planchar también a bajas temperaturas.

SERVILLETAS DE PAPEL:
se venden en una gran variedad de colores, diseños y motivos. Pero debido a su tamaño, de unos 33 x 33 cm, no son adecuadas para todos los plegados.

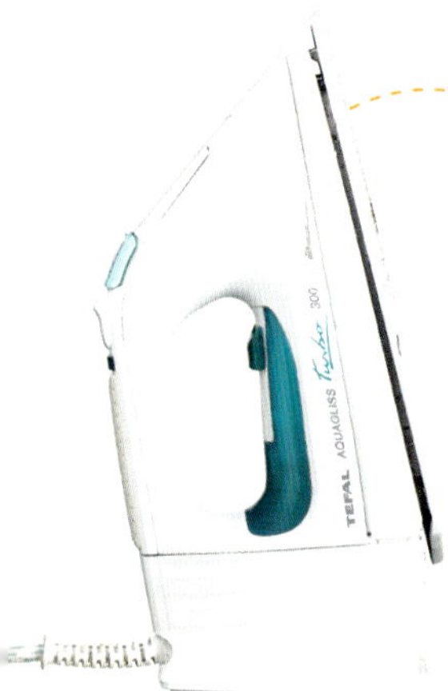

PLANCHA: es indispensable para alisar las servilletas de tela recién lavadas, pero con un ligero planchado adicional se pueden también reforzar los cantos de pliegue de las servilletas.

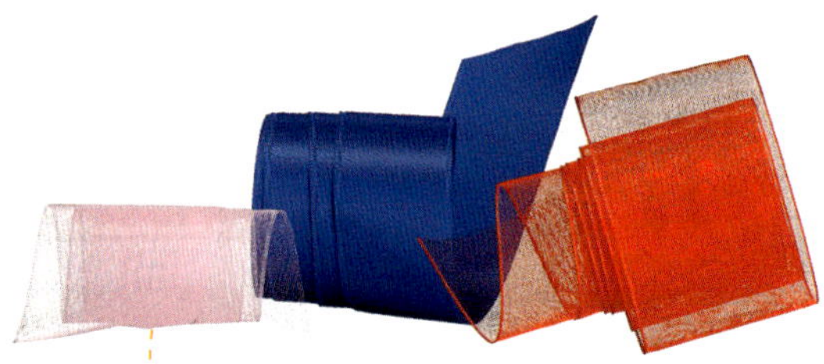

CINTAS: de tafetán, chiffón o satén, aportan el último retoque en algunos plegados de servilletas.

ALMIDÓN EN SPRAY: es indispensable si el plegado elegido requiere cantos exactos y mucha estabilidad.

FLORES: son un bonito complemento para adornar una mesa decorada con servilletas plegadas de forma llamativa.

Consejos

El plegado adecuado

En la elección del plegado de servilletas no sólo es importante el estilo. También conviene comprobar si se dispone del tiempo necesario y de suficientes servilletas a la hora de realizar los plegados. Para ocasiones festivas con pocos comensales es más fácil realizar una decoración lujosa que cuando se trata de grandes fiestas con muchos invitados. En los plegados de las servilletas viene indicado el grado de dificultad. Se recomienda realizar previamente todo el plegado una o dos veces a modo de prueba. La práctica hace al maestro.

Servilletas de papel y de vellón

Las servilletas de papel y de vellón vienen ya plegadas de fábrica cuando se compran. Por ello, se recomienda realizar plegados cuyos dobleces no queden después visibles, o doblar las servilletas exactamente por estos cantos.

Servilletas de tela

Las servilletas de tela recién lavadas no deben guardarse dobladas, para evitar pliegues no deseados que no pueden eliminarse luego ni con la plancha. Además, después de lavarlas, se debe tener cuidado de no plegarlas torcidas. Han de quedar lo más cuadradas posibles para obtener más tarde un plegado correcto. Eventualmente, se recomienda estirar bien las servilletas para darles forma tras el lavado.

Enviar las invitaciones con tiempo

No olvide avisar con tiempo a sus invitados. En el caso de fiestas familiares grandes, es mejor concertar la fecha de tres a cuatro meses antes con las personas más importantes. Si la celebración se efectúa fuera de casa, busque con tiempo el restaurante y haga las reservas. Es recomendable enviar las tarjetas de invitación unos dos meses antes del evento.

Técnicas

El plegado de servilletas

1 Elegir y preparar las servilletas a juego con la vajilla y el plegado deseado para la ocasión. Aplicar almidón en spray sobre las servilletas de tela y a continuación, si es necesario, alisar con la plancha a máxima temperatura los dobleces molestos. Planchar con cuidado también las servilletas de vellón en caso necesario. Las servilletas de papel no necesitan ninguna preparación especial.

2 A continuación, plegar las servilletas siguiendo las instrucciones correspondientes. Para una fácil comprensión, los diferentes plegados de servilletas vienen descritos paso a paso y acompañados de diagramas.

Consejo

Se pueden reforzar los cantos y los dobleces durante el plegado de la servilleta, o después, aplicando la plancha a gran temperatura.

3 Una vez adornada la mesa, retocar la forma de las servilletas después del último paso de plegado y colocarlas sobre los platos. Para grandes eventos, es conveniente preparar las servilletas dos días antes. De este modo, el día de la fiesta no habrá incómodos problemas de tiempo. Simplemente se colocan las servilletas plegadas juntas dentro de una caja y se guardan allí hasta que la mesa esté puesta. Así, el día de la fiesta sólo será necesario darles un poco de forma y colocarlas sobre los platos.

La servilleta adecuada

Existen servilletas de diferentes materiales y tejidos. Las servilletas de lino, por su textura tosca, combinan perfectamente con las vajillas de estilo rústico. Las servilletas de algodón son más sencillas y neutrales, por lo cual resultan adecuadas para cualquier ocasión. Las servilletas de damasco, jacquard y satén crean un efecto muy elegante. Las servilletas de papel son muy apropiadas para fiestas con muchos invitados, que suelen ser por lo general más informales. Y por último, las servilletas de vellón son una atractiva alternativa a las servilletas de tela.

Manual de protocolo

Cuando se sirve el primer plato, la servilleta debe quedar desplegada sobre el regazo. Está totalmente prohibido fijarla en el cinturón o atársela como un babero.
Si desea levantarse durante la comida, coloque la servilleta doblada a la izquierda del plato. Cuando se enjugue la boca, vuelva a poner a continuación la servilleta doblada por la mitad sobre el regazo. De este modo, las manchas no quedarán visibles.
Una vez servidos todos los platos, con el café ya en la mesa, coloque la servilleta junto al plato, a su izquierda, con la abertura hacia la derecha y el doblez del pliegue hacia la izquierda.

Técnicas

Cómo poner una mesa

1 Cubrir la mesa con un bonito mantel a juego con la vajilla y las servilletas. Después, distribuir los platos base y colocar encima los platos de servir. En cada plato se coloca una servilleta. A la derecha del plato descansa el cuchillo grande y a la izquierda, el tenedor grande.

2 Colocar la copa para el vino a 1 cm aproximado de la punta del cuchillo. La copa del vino blanco se sitúa a la derecha, ligeramente desplazada un poco por debajo de la otra copa. Aunque se sirvan bebidas sin alcohol, igualmente se colocan estas copas en la mesa.

3 No olvidar añadir el salero y el pimentero. El platillo con el pan y el cuchillo pequeño se colocan a la izquierda del tenedor, con el filo señalando hacia la izquierda.

4 El segundo cuchillo (por ejemplo, un cuchillo para el pescado) se sitúa a la derecha del primer cuchillo. El segundo tenedor se coloca a la izquierda del primer tenedor. La cuchara sopera siempre se pone en el exterior, en el lado derecho. Hay que tener en cuenta que se come siempre utilizando los cubiertos desde fuera hacia dentro. Para el postre, se coloca una cucharilla o un tenedor pequeño por encima del plato (el tenedor con el mango hacia la izquierda y la cucharilla con el mango hacia la derecha).

Grados de dificultad de cada proyecto

Plegado sencillo

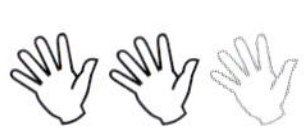

Plegado más difícil

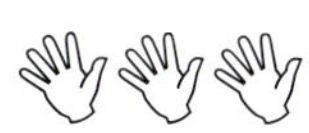

Plegado avanzado

Bolsito de servilleta

Con un fino estampado de flores

MATERIALES

* Servilleta de vellón de color blanco, de 40,5 x 40,5 cm
* Servilleta de papel con estampado de flores, de 33 x 33 cm

1 Colocar la servilleta de papel centrada sobre la servilleta de vellón y plegar las dos capas por la mitad hacia atrás.

2 Doblar la servilleta de papel que queda arriba, por la mitad hacia atrás.

3 Doblar por la mitad las dos servilletas hacia la derecha.

4 Doblar hacia dentro el pico de la servilleta de papel.

5 Plegar la capa superior de la servilleta de vellón en diagonal hacia abajo.

6 A continuación, doblar otra vez la servilleta hacia el centro y hacia arriba.

7 Insertar el pico por dentro de la servilleta.

8 Después, doblar el pico de la capa superior en diagonal hacia abajo e insertarlo igualmente por dentro.

9 Plegar ahora hacia atrás el lado izquierdo y el lado derecho.

10 Las servilletas plegadas tendrán el aspecto final de un cucurucho aplastado.

Consejo

Una bonita decoración: rellenar el bolsito con golosinas o esconder dentro alguna pequeña sorpresa para los invitados. En primavera o verano me gusta insertar un par de flores, preferiblemente que combinen con el estampado de flores de la servilleta.

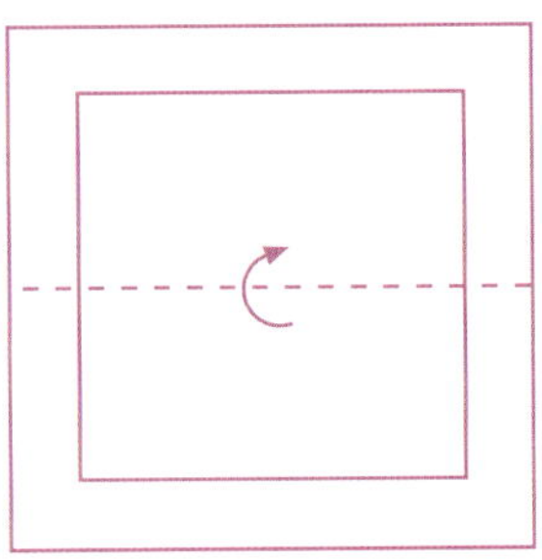
1

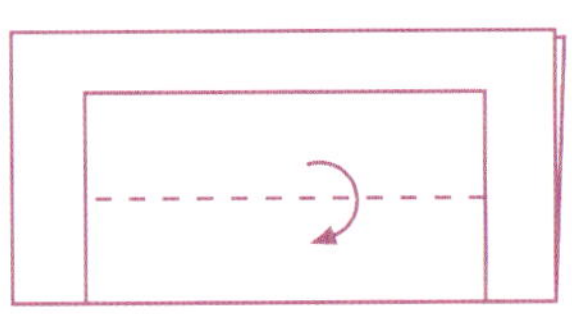
2

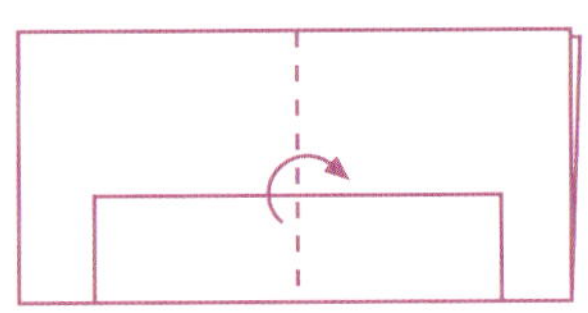
3

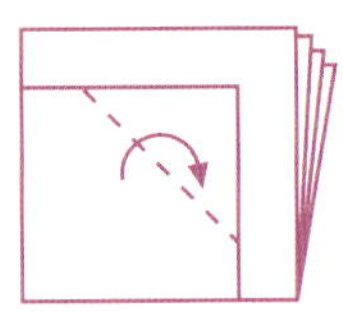
4

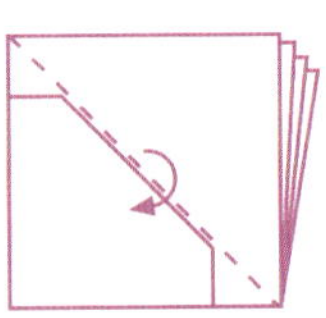
5

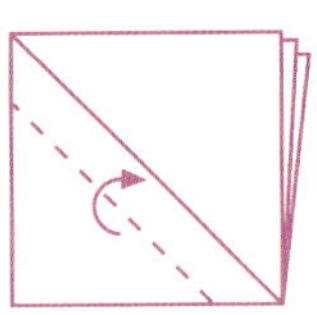
6

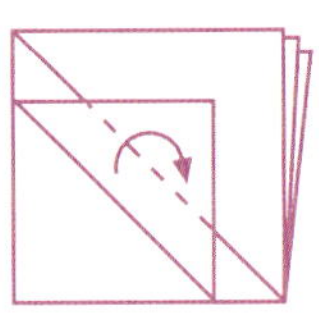
7

8

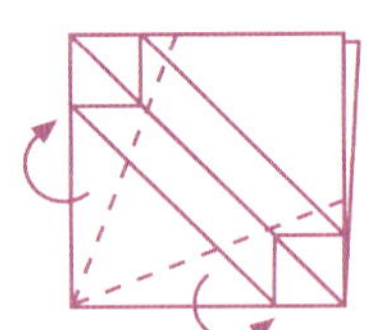
9

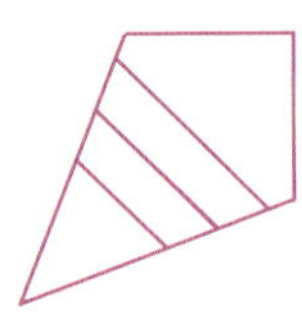
10

Bonito gorro plegado

Con dos servilletas, como por arte de magia

MATERIALES

* Servilleta de vellón de color verde, de 40,5 x 40,5 cm
* Servilleta de papel con estampado de flores, de 33 x 33 cm

1 Extender sobre la mesa la servilleta de vellón y la servilleta de papel. Después, doblar exactamente por el medio la mitad inferior de cada servilleta hacia arriba.

2 A continuación, plegar la mitad izquierda de las servilletas exactamente por el medio sobre el lado derecho.

3 Colocar superpuestas las dos servilletas ya plegadas, de modo que los dos picos queden entre sí a una distancia de unos 2 cm. Después doblar el pico inferior hacia arriba, de manera que los picos señalen hacia arriba a la misma distancia.

4 Plegar los lados hacia atrás.

5 Insertar los picos de los lados en la parte posterior, para que el gorro se mantenga unido. Y ya está terminado el gorro.

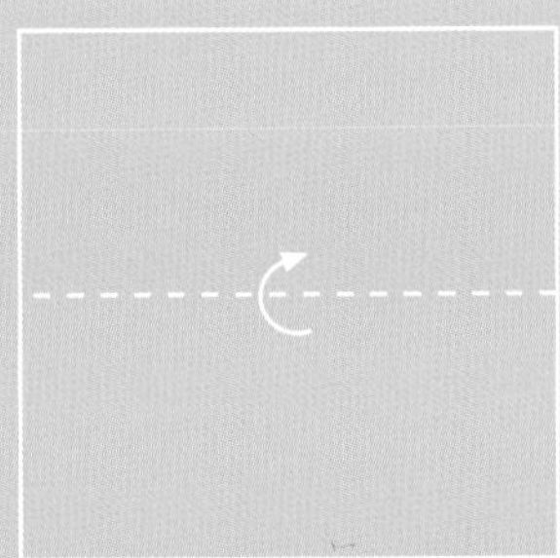

1

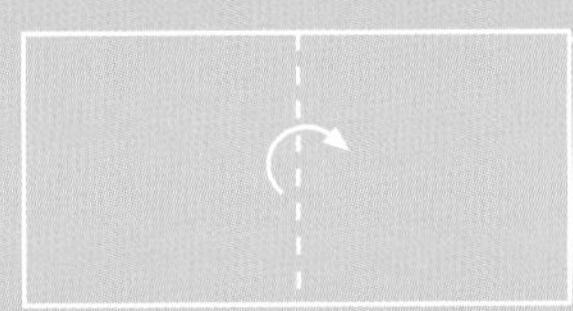

2

3

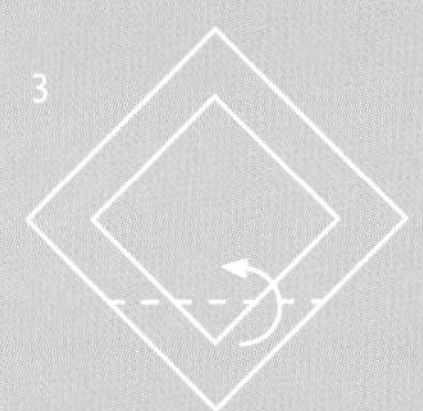

4

5

Media luna en abanico

Con brillantes colores amarillos y azules

MATERIALES

* Dos servilletas de papel, una en color amarillo y otra en azul con estampado de flores, de 33 x 33 cm
* Cinta adhesiva de doble cara

1 Colocar una de las servilletas de papel sobre la mesa. Después, doblar la servilleta en pliegues de 2 o 3 cm de ancho cada uno.

2 Ahora ya tenemos la servilleta plegada como un acordeón. Plegar igualmente la otra servilleta en forma de acordeón y después presionar juntos los pliegues de las servilletas.

3 Abrir las dos servilletas plegadas en acordeón, hacer en el centro un pequeño doblez e insertarlas dentro de una copa de cristal. Abrir los pliegues de acordeón formando una media luna. Finalmente, fijar con cinta adhesiva las dos mitades del abanico en la parte de arriba para que se sujeten.

Consejo

Variaciones inteligentes: los estampados de flores son neutrales y combinan casi con cualquier evento, pero pueden elegirse también otros estampados diferentes. Por ejemplo, con corazones para un banquete de bodas, tulipanes para la mesa de Pascua o angelitos para una comida de Navidad. En el mercado hay una gran oferta de servilletas de papel con estampados multicolores, que se pueden plegar para cualquier fiesta u ocasión en un abrir y cerrar de ojos. Simplemente, hay que procurar que las dos servilletas combinen cromáticamente.

1

2

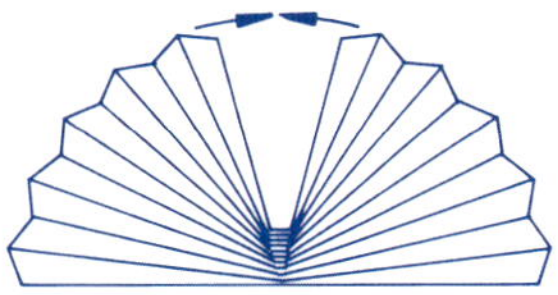

3

Una delicada mariposa

Posada sobre el plato

MATERIALES

* Servilleta de papel de color azul claro, de 33 x 33 cm
* Cinta de organza de color blanco, de 4 cm de ancho y 70 cm de largo

1 Extender la servilleta completamente abierta sobre la mesa, con un pico señalando hacia abajo. Seguidamente, doblar la servilleta en forma de acordeón con pliegues de 3 cm de ancho cada uno, presionándolos bien.

2 Doblar la servilleta plegada exactamente por el medio, apretando bien los pliegues. Anudar un lazo con la cinta de organza y depositarlo en el plato, delante de la servilleta.

Consejo

Modo de fijar el lazo: para que el lazo no se deslice y quede bonito en su sitio, se recomienda fijarlo en la servilleta con cinta adhesiva de doble cara.

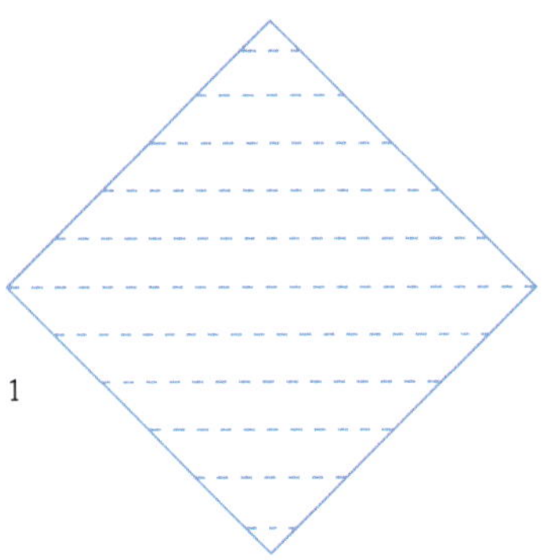

1

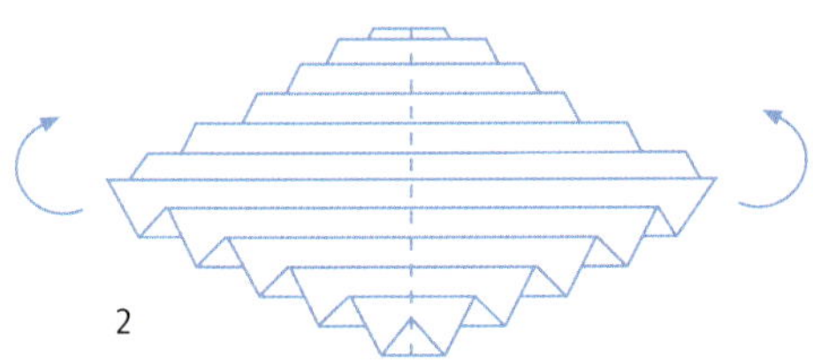

2

Abanico anudado

Plegado sencillo para causar sensación

MATERIALES

- Servilleta de papel de color amarillo, de 40 x 40 cm
- Cinta de organza de color blanco, de 4 cm de ancho y 15 cm de largo
- Flor amarilla recién cortada

1

2

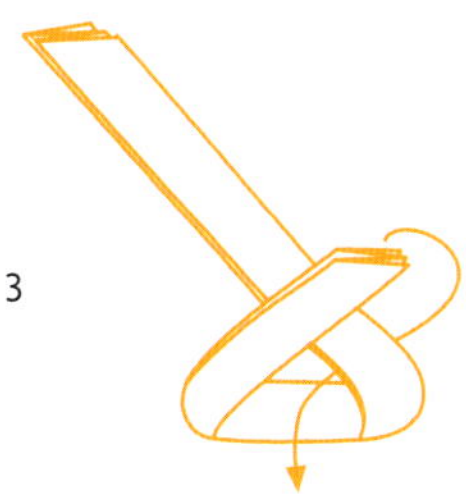

3

1 Extender la servilleta sobre la mesa y colocarla con el lado del derecho hacia arriba. Después, doblar la servilleta con pliegues de acordeón de 2 a 3 cm de ancho.

2 Apretar bien los pliegues de acordeón.

3 Hacer un nudo holgado en un extremo de la servilleta. Atar la cinta por la mitad e insertarla junto con la flor en el nudo de la servilleta.

Servilleta rústica anudada

Fácil y simple

MATERIALES

* Servilleta a cuadros de color verde y blanco, de 40 x 40 cm

1 Extender la servilleta en la mesa con el lado del revés hacia arriba y un pico señalando hacia abajo. A continuación, plegar el pico inferior por la línea central hacia arriba.

2 Después, plegar el pico superior del triángulo resultante hacia abajo, sobre el canto de pliegue.

3+4 Ahora plegar igualmente el canto superior hacia abajo, obteniendo como resultado una estrecha banda.

5 Anudar los extremos de la banda formando un nudo e introducir dentro de éste los cubiertos. Ya pueden venir los invitados.

Consejo

Variaciones inteligentes: la servilleta adquiere un estilo rústico insertando dentro los cubiertos. Si se desea una decoración rústica veraniega, en vez de los cubiertos se puede colocar alguna flor. A mí, personalmente, me gusta mucho este tipo de plegado colocando ramitas frescas de plantas aromáticas, como romero y tomillo. El aroma estimula el apetito y me trae recuerdos de la Provenza.

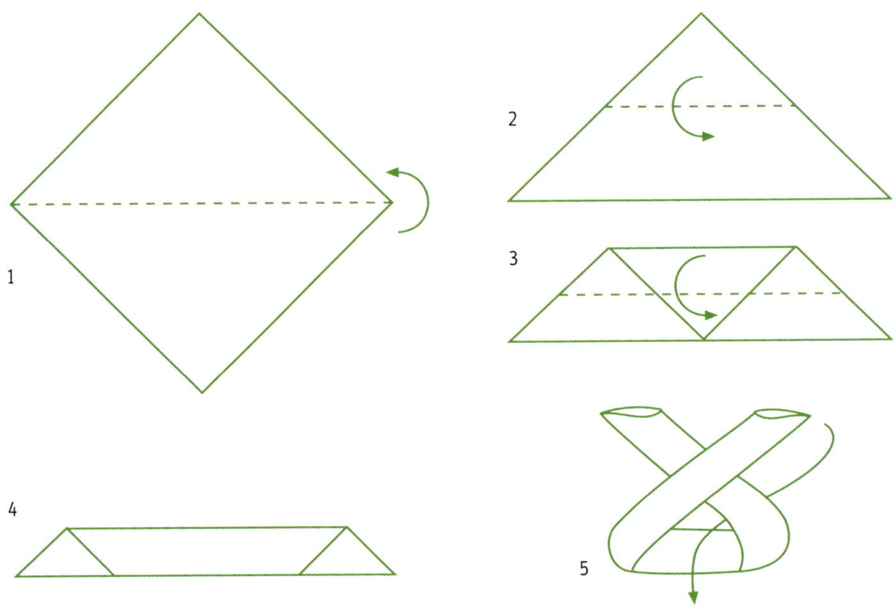

Elegante esmoquin

Para una fiesta, siempre lo mejor

MATERIALES

* Servilleta de vellón estampada de color crema, de 40,5 x 40,5 cm
* Cinta de satén de color blanco, de 2,5 cm de ancho
* Cinta adhesiva de doble cara

1 Extender la servilleta sobre la mesa, con un pico hacia abajo. Después, doblar la servilleta exactamente por la mitad hacia abajo.

2 Plegar ahora el canto superior de 2 a 3 cm hacia atrás, dando forma de este modo a las solapas.

3 Plegar el pico derecho y el pico izquierdo hacia delante, de modo que queden ligeramente superpuestos en la parte de abajo.

4 Doblar primero los dos lados hacia atrás y después plegar hacia atrás también la parte inferior de la servilleta. Ya tenemos la servilleta plegada en forma de esmoquin.

5 Anudar un lazo con la cinta de satén. Determinar la anchura que deseamos que tenga el lazo y después cortar la cinta de satén, como mínimo, con el doble de longitud de la medida tomada. Pegar superpuestos los dos extremos de la cinta en el centro y ocultar las zonas de pegado colocando encima una cinta corta y pegándola unida por detrás. Por ultimo, colocar el lazo en el esmoquin tal como se aprecia en la fotografía.

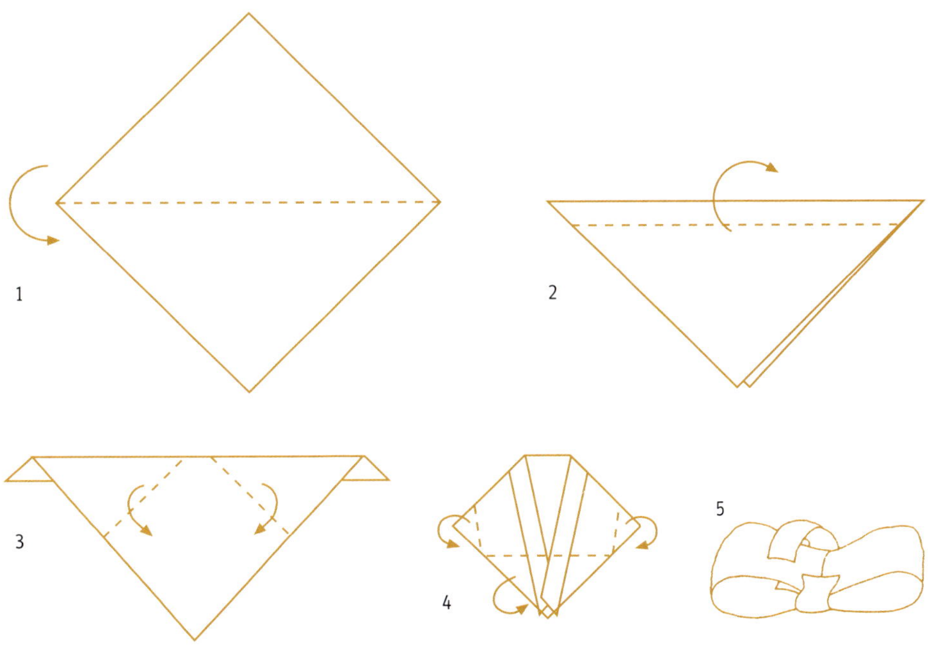

Corona real

La coronación de cualquier mesa de fiesta

MATERIALES

* Servilleta de tela de color blanco, de 50 x 50 cm

1 Doblar el tercio inferior de la servilleta hacia arriba.

2 Después, volver a doblar el tercio por la mitad hacia abajo.

3+4 Colocar el canto superior de la servilleta sobre el canto inferior y volver a plegar la servilleta por la mitad hacia arriba.

5 Doblar la mitad inferior por la línea central hacia atrás.

6+7 Tomar ahora el tercio del lado izquierdo, llevarlo hacia la derecha y volver a plegarlo por la mitad hacia la izquierda.

8+9 A continuación, plegar el lado derecho hacia la izquierda y volver a doblarlo por la mitad hacia la derecha.

10 Se obtiene así la forma representada en el diagrama.

11+12 Llevar la esquina superior derecha hacia la izquierda, de modo que se obtenga un triángulo.

13 A continuación, plegar la esquina superior derecha hacia la izquierda. Así se abre un nuevo triángulo. Presionar bien este último triángulo y, después, doblar otra vez la esquina derecha hacia la izquierda y así sucesivamente. Ir plegando ambos lados de este modo formando triángulos. Finalmente, llevar todos los triángulos hacia el centro y alinearlos de forma uniforme. Ya está terminada la corona.

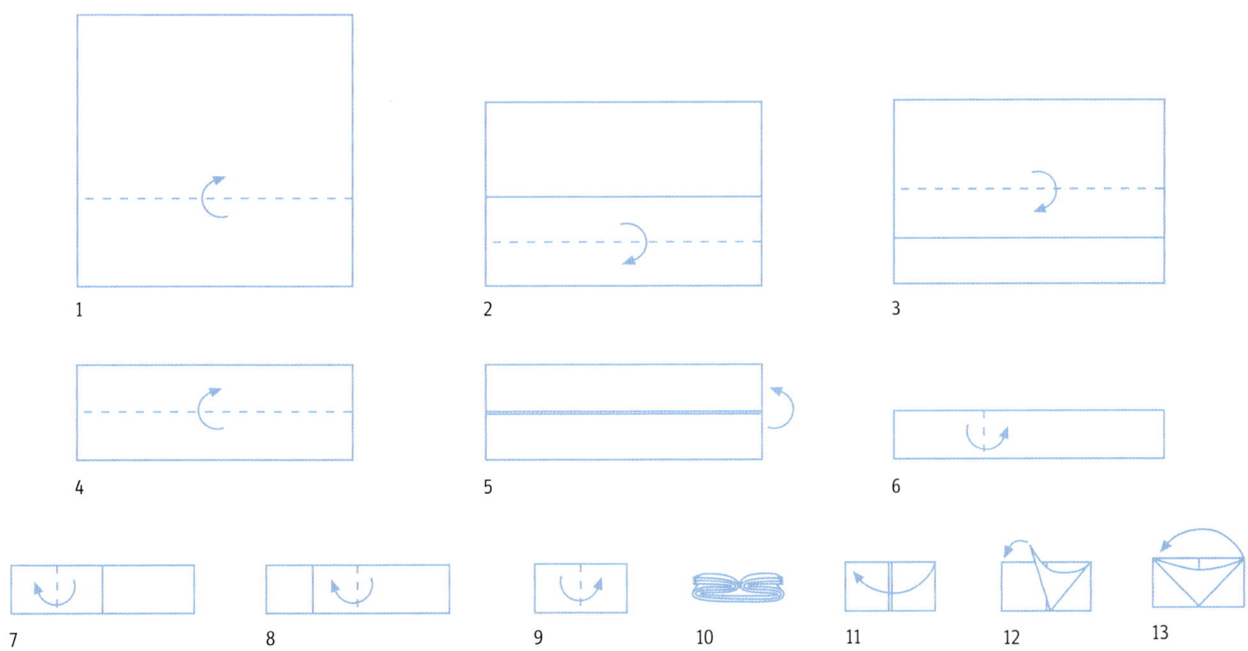

Caracola con traje de fiesta

Demasiado bonita para comer pescado

MATERIALES

* Servilleta de vellón estampada de color champán y blanco, de 40,5 x 40,5 cm

1 Comenzar plegando la servilleta por la mitad y volver a plegarla para formar un cuadrado con cuatro capas. Situar el canto cerrado en la parte superior izquierda. Después plegar las esquinas inferiores sobre la esquina superior.

2 Después, plegar los picos laterales hacia atrás e insertar uno dentro de otro.

3 Ahora plegar hacia abajo los picos de las diferentes capas de la servilleta, dejando una distancia de 1,5 cm entre ellos.

4 Dar la vuelta a la servilleta ya plegada y colocarla en la mesa.

Mi servilleta favorita para eventos especiales

Me gusta elegir este plegado de servilleta para fiestas muy significativas, y lo realizo con servilletas de tela blanca fuerte. Con este plegado, la mesa adquiere un aspecto muy elegante y ceremonioso.

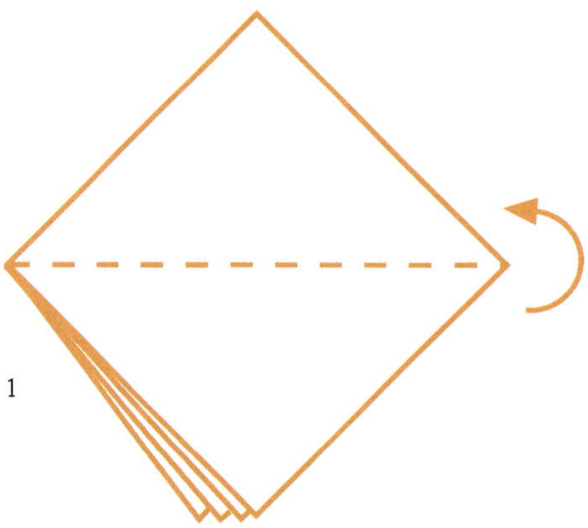

1

2

3

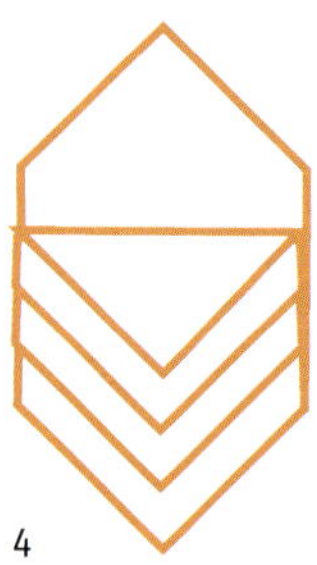

4

EDEL

Abanico horizontal

Un pequeño artista de la transformación

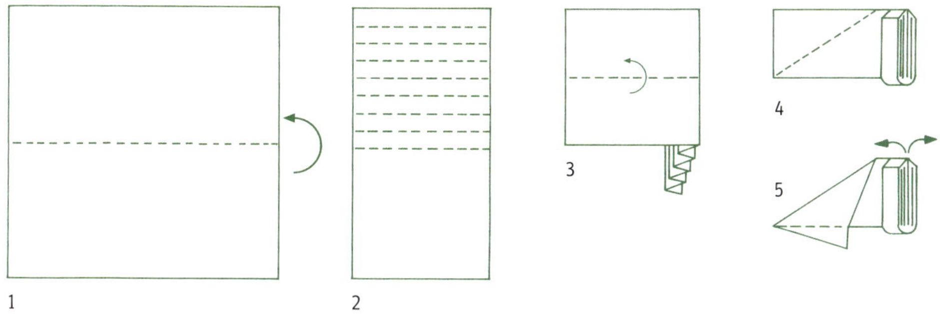

MATERIALES

* Servilleta de vellón de color verde oscuro, de 40,5 x 40,5 cm

1 Extender la servilleta sobre la mesa con la cara del revés hacia arriba y doblarla por la mitad.

2 Girar la servilleta en ángulo recto (90°) y, a continuación, doblarla justo hasta la mitad con pliegues de acordeón de unos 2 cm de ancho cada uno.

3 Dar la vuelta a la servilleta, de modo que los pliegues de acordeón se sitúen ahora por debajo a la derecha y, después, plegar la mitad inferior hacia arriba.

4 Doblar el canto superior en diagonal hacia abajo.

5 Ahora doblar hacia atrás el extremo inferior que sobresale. Y para terminar, abrir el abanico y colocarlo sobre el plato.

Variante

La servilleta de color crema se ha plegado del mismo modo que la servilleta verde. En este caso, simplemente, el abanico ya plegado se ha colocado alzado sobre el plato, en vez de en posición horizontal. El pico largo señala hacia atrás para sostener el abanico en posición vertical.

Pico de mesa festivo

Un placer para la vista

MATERIALES

* Servilleta de papel de color naranja, de 33 x 33 cm

1 Desplegar la servilleta y extenderla sobre la mesa con el lado del revés hacia arriba. Después, plegar la servilleta por la mitad hacia abajo.

2 Llevar la esquina superior izquierda entre las dos capas hacia el centro y hacia abajo. A continuación, llevar igualmente la esquina superior derecha hacia abajo.

3 Plegar la mitad derecha del triángulo sobre la mitad izquierda del mismo.

4 Ahora los cuatro picos quedan superpuestos a la izquierda. Por último, agarrar la servilleta plegada por el pico superior y colocarla en el plato.

Cuando se anda con prisas

Cuando dispongo de poco tiempo para la decoración de una mesa, elijo siempre este pico de mesa. El plegado es rápido y queda muy bonito, tanto en un solo color como con un estampado multicolor. Y si me sobra un poco de tiempo, coloco entre los picos pequeñas golosinas o inserto florecitas.

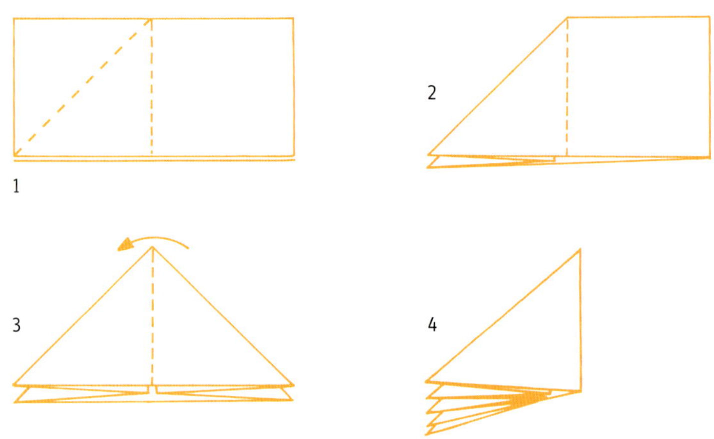

Hoja de palmera floreada

Con delicadas margaritas

MATERIALES

* Servilleta de papel con estampado de flores, de 33 x 33 cm
* Cinta adhesiva de doble cara

1 Desplegar la servilleta sobre la mesa con el lado del revés hacia arriba, de modo que un pico del cuadrado señale hacia abajo. A continuación, doblar la mitad inferior hacia arriba, exactamente por la línea central.

2 Plegar el triángulo resultante con pliegues de acordeón de 2 cm de ancho, de abajo hacia arriba.

3 Presionar bien los pliegues de acordeón y, después, doblar por la mitad la servilleta plegada.

4 Juntar los extremos más largos de modo que queden unidos por arriba y fijarlos en ese punto con cinta adhesiva de doble cara.

Cómo se me ocurrió la idea

Me gustan las flores adornando la mesa. Cuando festejo una comida con mi familia, no pueden faltar. Pero no siempre se dispone de tiempo suficiente para elaborar arreglos florales llamativos. En casos así, les propongo esta servilleta con un fino estampado floral, combinada con una margarita del jardín en el plato.

1

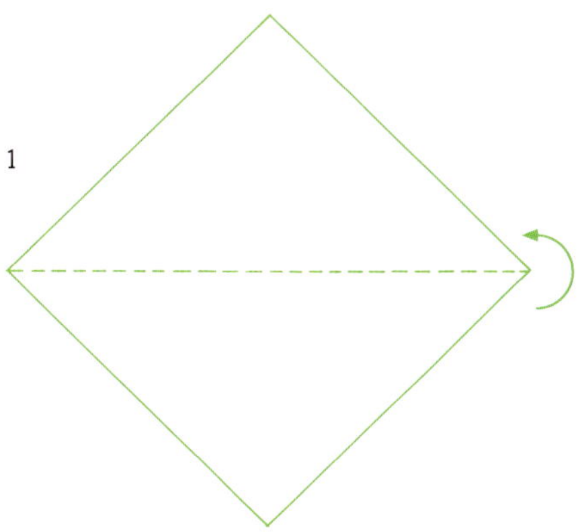

2

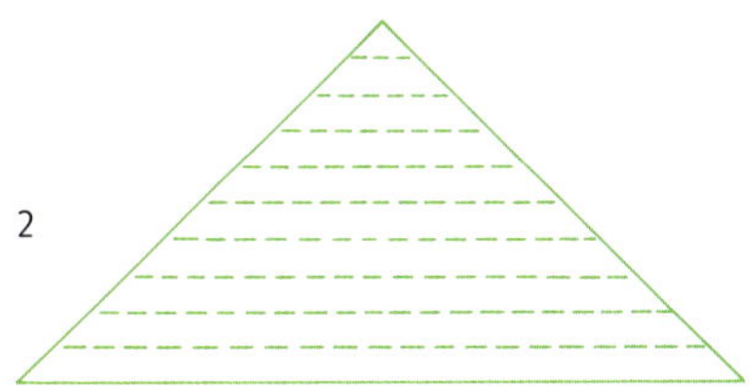

3

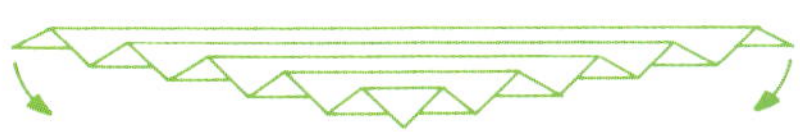

4

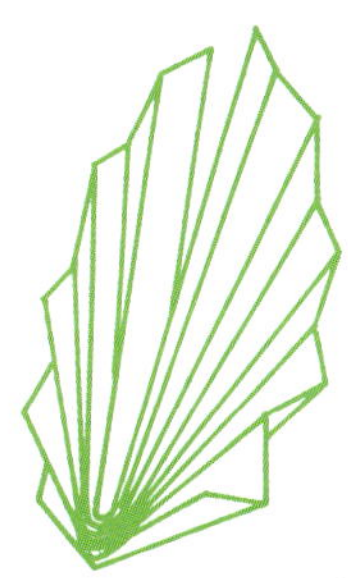

Lirio amarillo brillante

Clásico y maravilloso

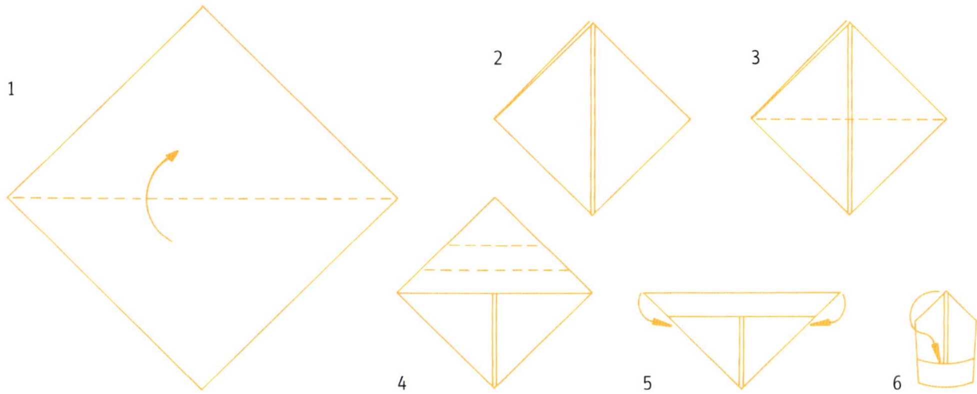

MATERIALES

* Servilleta de tela de color amarillo, de 50 x 50 cm

1 Extender la servilleta sobre la mesa de forma que un pico señale hacia abajo y, después, doblar la mitad inferior hacia arriba.

2 Primero doblar el pico izquierdo hacia arriba y hacia el centro y luego, hacer lo mismo con el pico derecho.

3 Plegar hacia abajo, por la línea marcada, los dos picos que quedan arriba.

4 Doblar ahora el pico de arriba hacia la línea central y, seguidamente, plegar de nuevo el canto superior hacia la línea central. Después, plegar la fina tira resultante sobre el canto de pliegue central hacia abajo, de modo que se obtenga un triángulo.

5 Insertar los picos laterales en la parte posterior de la servilleta.

6 Llevar los picos delanteros del triángulo hacia abajo e introducirlos dentro del borde de la servilleta. Ya está listo el lirio.

Variante

La cola del vestido real naranja se pliega del mismo modo que el lirio. Pero en este caso, los picos delanteros del triángulo se doblan sólo hacia abajo, sin insertarlos después dentro de la servilleta.

Junco con las velas desplegadas

Una pequeña obra de arte

MATERIALES

* Servilleta de vellón de color rosa salmón, de 40,5 x 40,5 cm

1 En primer lugar, plegar la servilleta por la mitad hacia arriba.

2 Después, doblar la servilleta por la mitad hacia la derecha.

3 Plegar el cuadrado resultante para obtener un triángulo.

4 Girar el triángulo y plegar los lados hacia el centro, de modo que encajen.

5 Doblar hacia atrás los picos inferiores que sobresalen.

6 Plegar el triángulo resultante por la línea central hacia atrás.

7 Sacar los picos escalonados hacia arriba y retocar la forma del junco.

Consejo

Colocar el nombre del barco: bautice el barco con el nombre de los comensales, para que todos localicen su sitio en la mesa sin problemas. Unos días antes de la fiesta, yo suelo imprimir el nombre de los invitados en papel transparente de un color a juego y después fijo las etiquetas con los nombres sobre las servilletas.

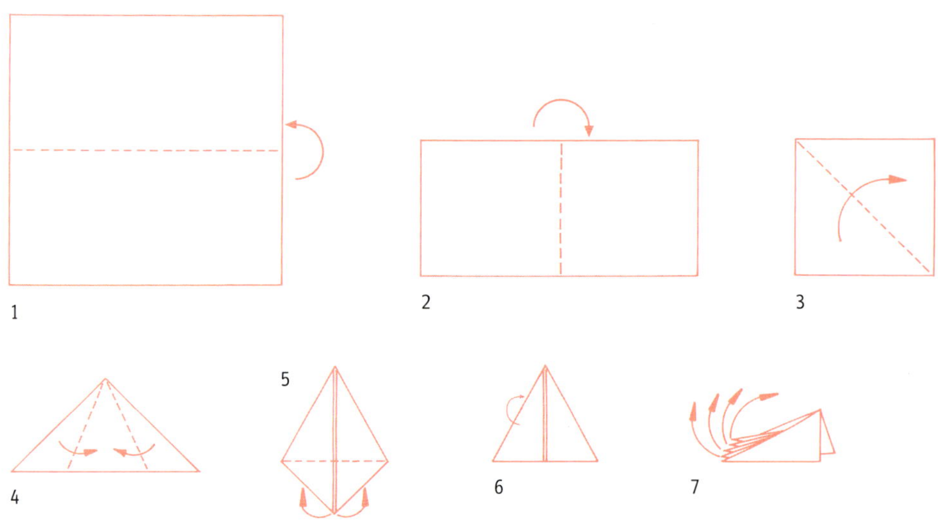

Encantadora mitra de obispo

Adornada con una aromática rosa

MATERIALES

* Servilleta de vellón de color blanco, de 40,5 x 40,5 cm

1 Extender la servilleta sobre la mesa con el lado del revés hacia arriba y después plegarla por la mitad hacia la parte superior.

2 Plegar ahora la esquina inferior derecha en diagonal hacia arriba y hacia el centro. Después, doblar la esquina superior izquierda en diagonal hacia abajo, de modo que se encuentren en el centro los dos triángulos.

3 Girar y dar la vuelta a la servilleta (la esquina marcada con el circulito queda ahora en la parte inferior izquierda) y, a continuación, plegar por el medio a lo largo, de modo que dos triángulos señalen hacia arriba.

4 Plegar hacia delante el pico lateral izquierdo e insertarlo por detrás del triángulo que queda arriba; después, dar la vuelta a la servilleta e insertar el otro pico del mismo modo. Ahuecar un poco la servilleta por abajo y colocarla en el plato. Si se desea, se puede añadir algún adorno festivo a la mitra de obispo.

Un buen escondite

Me gusta esconder golosinas o pequeños regalos dentro de la mitra de obispo. Cuando mis invitados despliegan la servilleta, se sorprenden complacidos.

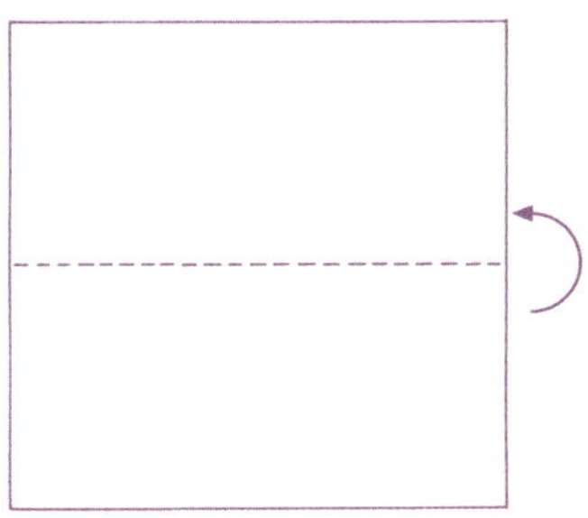

1

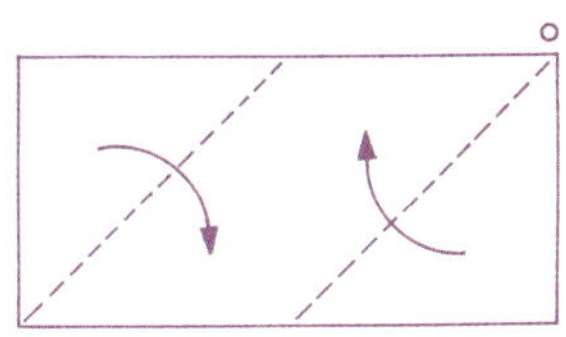

2

3

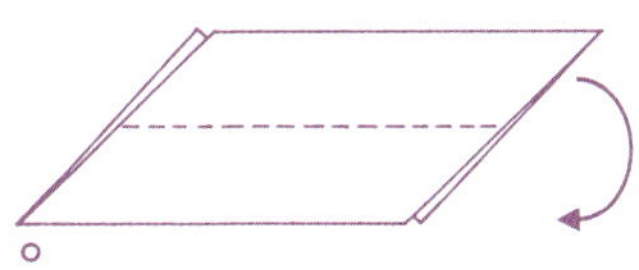

4

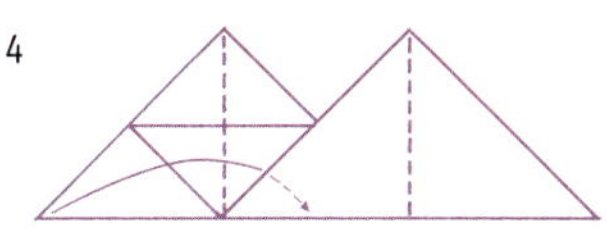

Un cisne blanco

Símbolo de la belleza perfecta

MATERIALES

* 2 servilletas de vellón de color blanco, de 40,5 x 40,5 cm
* Papel de aluminio, de 39 x 39 cm

El cisne se compone de dos servilletas plegadas por separado, que a continuación se unen. Para el cuerpo del cisne, realizar un junco, tal como se describe en la página 32, y para modelar el cuello y la cabeza, plegar la segunda servilleta de la forma siguiente:

1 Extender la servilleta sobre la mesa de modo que un pico señale hacia abajo y, seguidamente, colocar encima el papel de aluminio como refuerzo (no viene representado en el diagrama). Plegar la servilleta, junto con el papel de aluminio, por la mitad hacia abajo.

2 Alisar con las manos la servilleta para que el papel de aluminio quede bien liso. Después, plegar los ládos hacia abajo y hacia el centro.

3 Volver a alisar con las manos la servilleta y doblar los cantos superiores derecho e izquierdo hacia la línea central.

4 Alisar otra vez la servilleta y volver a plegarla hacia el centro.

5 Plegar la servilleta por la línea central.

6 Curvar un poco el pico superior para modelar la cabeza del cisne. Unir el cuello del cisne con el cuerpo y colocarlo sobre el plato.

OTROS TÍTULOS PUBLICADOS

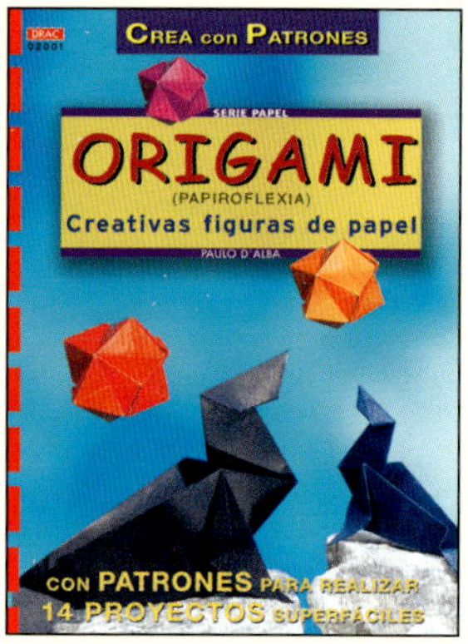

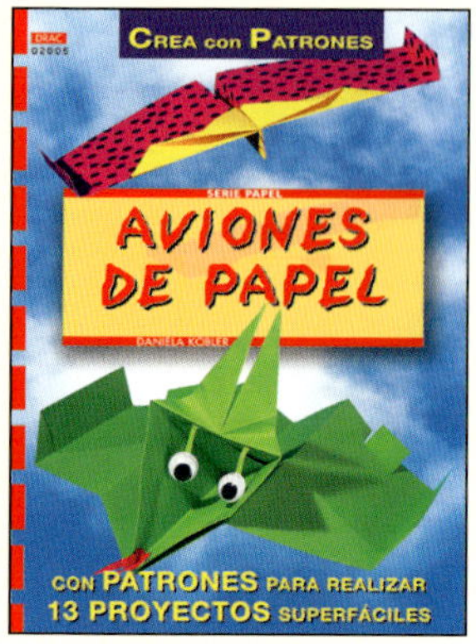

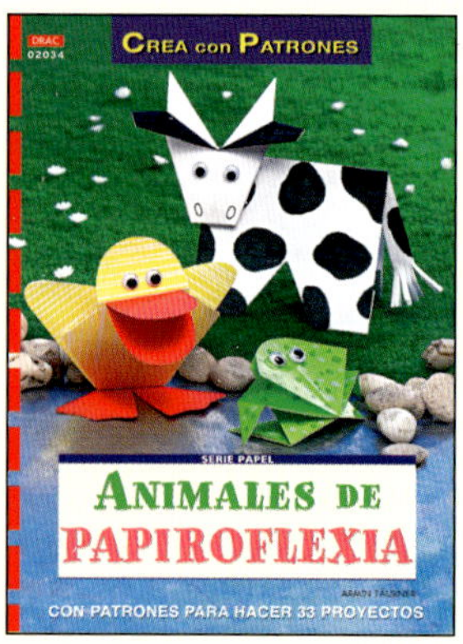

EL LIBRO DE
Armin Täubner
TANGRAMI
Para todas las edades
Figuras con módulos de papel plegados y montados
23 proyectos explicados paso a paso

DRAC
El GRAN LIBRO DEL
PAPEL Y CARTÓN
24 proyectos explicados paso a paso
LAURENCE ANQUETIN

EL LIBRO DE
LAS TÉCNICAS DECORATIVAS
EN MUEBLES Y EN PAREDES
Estarcido · Trampantojo
DRAC

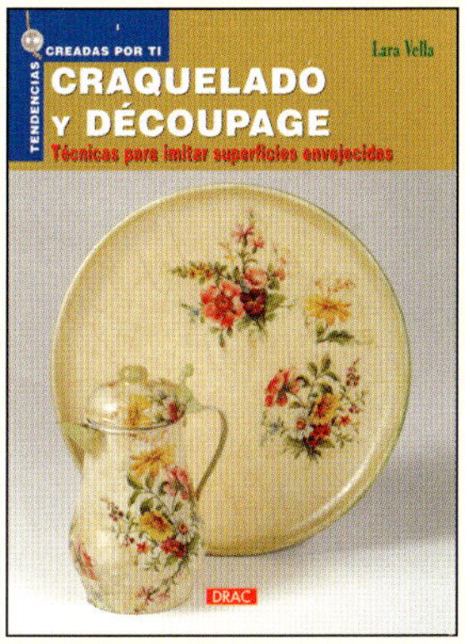
TENDENCIAS
CREADAS POR TI
Lara Vella
CRAQUELADO
Y DÉCOUPAGE
Técnicas para imitar superficies envejecidas
DRAC

TENDENCIAS
CREADAS POR TI
Maria di Spirito
DÉCOUPAGE
NUEVAS IDEAS
CON SERVILLETAS DE PAPEL Y TEJIDOS
DRAC

Curso rápido de Découpage con
efecto trampantojo
Marisa Lupato
DRAC

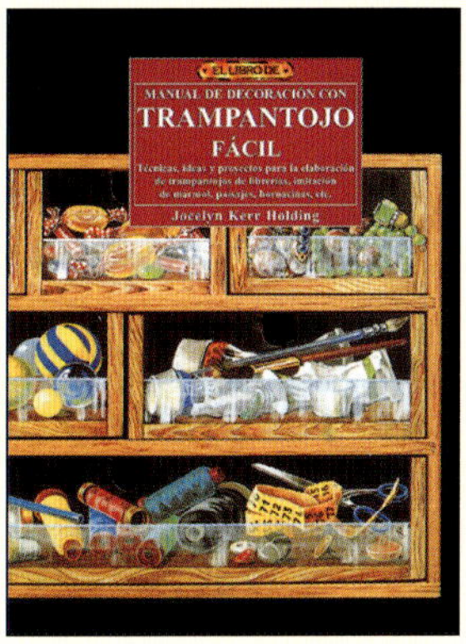
EL LIBRO DE
MANUAL DE DECORACIÓN CON
TRAMPANTOJO
FÁCIL
Jocelyn Kerr Holding

EL LIBRO DE
ESTARCIDO 3D
Tridimensional
Jocelyn Kerr Holding
DRAC

CURSO RÁPIDO DE
ESTARCIDO
EDITORIAL EL DRAC
Jocelyn Kerr Holding

EL LIBRO DE
Curso de
scrapbooking
El arte de personalizar los recuerdos:
en álbumes, cuadros, postales, tarjetas...
Rebecca Carter
DRAC

CREA TU SCRAPBOOK
NUEVAS TÉCNICAS DE
SCRAPBOOKING
DRAC
MARTINE CARLIER
MARIE-SOPHIE SIMON

DRAC
59001
CREA CON PATRONES
SERIE SCRAPBOOKING
ÁLBUMES de SCRAPBOOKING
personalizados con pegatinas,
botones, fieltro, cintas...
PIA PEDEVILLA
CON PATRONES PARA REALIZAR 14 PROYECTOS

Más información sobre éstos y otros títulos en nuestra página web:
www.editorialeldrac.com